FUNDAMENTAL**CHANGES**
IN**JAZZGITARRE**

Eine eingehende Untersuchung des II-V-I in Dur Solospiels für Bebop-Gitarre

JOSEPH**ALEXANDER**

FUNDAMENTAL**CHANGES**

Fundamental Changes in Jazzgitarre

Eine eingehende Untersuchung des II-V-I in Dur Solospiels für Bebop-Gitarre

ISBN: 978-1-78933-101-1

Herausgegeben von **www.fundamental-changes.com**

Mit besonderem Dank an B Steinhoff für die wertvolle redaktionelle Mitarbeit.

www.fundamental-changes.com

Contents

Einleitung

„Übe deine 2-5-1er", sagten sie mir. „Übe deine 2-5-1er und alles wird dir einleuchten."

Ich war 18 Jahre alt, einsam und allein im extrem einschüchternden London/England und studierte bei einigen der besten Gitarristen der Welt. Ich lebte in einem winzigen Zimmer in Perivale, bei einem zweifelhaften italienischen Vermieter und zahlte Wucherpreise, nur damit ich am Studiengang am Guitar Institute teilnehmen konnte, Europas Antwort auf das Berklee College of Music. Ich konnte mir kaum etwas zu essen leisten, aber es war mir egal, denn die Geheimnisse des Jazz sollten mir bald enthüllt werden.

Ich hatte das Glück, am College mit einigen der besten Gitarristen der Welt zu studieren. Und ich hatte einmal pro Woche eine Privatstunde bei Shaun Baxter – einem Pionier in der Welt der Jazz-Fusion. Ich war motiviert und stürzte mich in mein Studium. Leider hatte ich keine Zeit, die riesige Menge an Material zu absorbieren, mit dem ich jeden Tag bombardiert wurde.

Kaum in der Lage, mich selbst zu versorgen, hatte ich zu viel selbst auferlegten Erfolgsdruck und verließ das College für ein Jahr. Ich hatte versucht, jedes noch so kleine Theorie-Detail, das mir beigebracht wurde, sofort in mein Spiel zu integrieren. Ich war aber noch nicht soweit, weil ich die Grundlagen nicht verstanden hatte. Shaun hatte mir gesagt, dass diese Konzepte mich jahrelang beschäftigen würden. Ich hörte nicht zu und versuchte stattdessen, alles auf einmal zu machen, oft innerhalb eines Taktes bei 230 Schlägen pro Minute.

Ich habe noch Ordner mit fortgeschrittenem Material aus seinem Unterricht, die ich nicht in meine Musik aufgenommen habe. Ich verstehe es definitiv...aber habe ich es verinnerlicht und kann es morgen zu einem festen Bestandteil meines Spiels werden? Nein.

Nachdem ich das G.I. verlassen hatte, hatte ich das Glück, die Aufnahmeprüfung **für das Leeds College** of Music zu bestehen, wo ich meinen BA in Jazz Studies gemacht habe. Dort traf ich einen Lehrer, der mein ganzes Denken über Musik veränderte. Jeder in Leeds schien, na ja, musikalischer zu sein als in London. Alle waren mehr mit Auftritten, Spielen und guter Musik beschäftigt, als in dunklen Räumen zu sitzen und Mädchen zu meiden.

In fünf einfachen Sätzen änderte Jiannis Pavlidis meine ganze Herangehensweise an die Musik:

„Wen hörst du? Wer bewegt dich gerade?"

„Pat Martino. Er hat ein Wahnsinnstempo."

(Jiannis stellt sich auf die Zehenspitzen und streckt die Arme hoch in die Luft aus) „Da ist Pat, okay?"

„Sicher."

(Jiannis hockt sich auf den Boden mit dem Finger einen Zentimeter über dem Boden) „...und das bist du, okay?"

(Meine Augen füllten sich mit Tränen) „Ähm..."

„Okay, okay, okay, du bist hier im Vergleich zu Martino – das sind wir alle! Aber was du versuchst, ist, diesen großen Sprung auf einmal zu machen. Wenn du so da rran gehst, wirst du es nie schaffen. Was du aber tun kannst, ist das hier..." (spreizt Zeigefinger und Daumen etwa einen Zentimeter auseinander) „Du kannst das 100 Mal machen und ich verspreche dir, dass du es schaffen wirst. Lass uns jetzt lernen..."

Ich habe Jiannis nie für diese Lektion gedankt, deshalb ist dieses Buch für ihn.

Über dieses Buch

Wir gliedern es auf.

Die 2-5-1 oder II-V-I-Kadenz ist die häufigste Akkordfolge im Jazz. Selbst wenn die Harmonie statisch ist, spielen wir immer noch 2-5-1er. Wenn die Akkordfolge 1-6-2-5 oder 3-6-2-5 oder 3-6-2-5 sagt, spielen wir 2-5-1er. Du wirst sehr gut darin werden!

Dieses Buch geht von keinen Vorkenntnissen aus, außer davon, wie man Gitarre in Achtelnoten bis etwa 150 bpm spielt. Da du dieses Buch ausgewählt hast (und danke, dass du es getan hast!), bin ich sicher, dass du einige der darin enthaltenen Konzepte bereits kennst, aber bitte fange von vorne an.

Wir beginnen mit den einfachen Grundtönen und arbeiten weiter, bis du erweiterte Arpeggien aus der Tritonussubstitution spielen kannst und alles mit vielen kleinen Tricks verbindest.

Da du das Thema von vorne beginnst, wirst du einen unglaublichen Weitblick an der Gitarre bekommen, weil es dir leicht fallen wird, Grundtöne und alterierte Erweiterungen von Akkorden zu erkennen. Du wirst deine eigenen Linien schreiben (und sie nicht in den nebulösen Jazzbereichen des Internets suchen müssen). Du wirst diese Ideen im Spiel der Großen, von Parker und Django bis Coltrane, Metheny und Martino, hören. Du wirst diese Ideen frei über mehrere tonalen Zentren hinweg anwenden und in der Lage sein, frei oder mit Licks nach Herzenslust zu improvisieren.

Vor allem wirst du auf deinem Instrument authentisch, unverwechselbar und artikuliert klingen. Ich hoffe, dass du deswegen hier bist.

Los geht's!

Joseph Alexander

Ein wichtiges Wort zu jedem Kapitel

Jedes Kapitel ist eine Lektion. Jedes Audiobeispiel ist unter **www.fundamental-changes.com/audio-downloads** verfügbar und wird erst langsam und dann schnell abgespielt. Es gibt auch drei Backing-Tracks für jedes Kapitel, langsam, mittel und schnell.

Bevor du zur nächsten Lektion übergehst, solltest du in der Lage sein, jedes Beispiel fließend über die mittlere Geschwindigkeit des Backing-Tracks zu spielen. Der Sinn dieses Buches ist jedoch nicht nur, meine Licks zu lernen. Das Buch wurde entwickelt, um dir zu zeigen, wie jeder Lick abgeleitet wurde, damit du deine eigenen Licks schreiben kannst.

Also ...

Vergewissere dich, dass du verstehst, woher die Noten, die ich dir zeige, stammen, und stelle ab Kapitel Sechs sicher, dass du mindestens fünf eigene Licks schreibst, die auf den Konzepten der einzelnen Kapitel basieren.

Hol dir die Audiodateien

Die Audiodateien zu diesem Buch können unter **www.fundamental-changes.com** kostenlos heruntergeladen werden, der Link befindet sich oben rechts in der Ecke. Wähle einfach diesen Buchtitel aus dem Dropdown-Menü aus und folge den Anweisungen, um die Dateien herunterzuladen.

Wir empfehlen dir, die Dateien direkt auf deinen Computer herunterzuladen und sie dort zu entpacken, bevor du sie deiner Medienbibliothek hinzufügst. Du kannst sie dann auf dein Tablet, deinen iPod, etc. ziehen oder auf CD brennen. Auf der Download-Seite gibt es ein Hilfe-PDF und wir bieten auch technischen Support über das Kontaktformular an.

Lektion Eins - Was ist eine 2-5-1 und wie spielen wir sie?

Dies ist kein Buch über Theorie. Theorie kam danach; das Spielen kam zuerst.

Folgende Theorie musst du aber trotzdem wissen: Die große 2-5-1-Kadenz wird so genannt, weil wir einen Akkord nehmen, der auf der 2. Tonstufe (Note) der Tonleiter, einen auf der 5. und einen auf der 1. (oder Grundton) aufgebaut ist.

Zum Beispiel:

Wir sind in der Tonart D-Dur und das ist die D-Dur Tonleiter.

D	E	F#	G	A	B	C#	D
1/ I	2 / II	3 / III	4 / IV	5 / V	6 VI	7 VII	1 / I

Der 2. Akkord ist das E, der 5. ist das A und der 1. ist das D. Um Verwirrung zu vermeiden, benutzen wir von nun an römische Zahlen, um auf diese Akkorde zu verweisen: 2 = II   5 = V   1 = I.

II - V - I in der Tonart D-Dur = E - A - D

Wenn wir einen Vierklang oder Septakkord auf diesen Tonstufen bauen, erzeugen wir diese Verbindung:

Em7 - A7 - Dmaj7

Dies wird oft in römischen Zahlen wie folgt geschrieben: IIm7-V7-Imaj7. Dies ist die Formel für einen II-V-I in allen wichtigen Tonarten. Dieses System kann nun wie Algebra behandelt werden: weil die Akkordbeziehungen immer gleich sind, ist es egal, in welcher Tonart wir uns befinden.

Das ist genug Theorie für den Moment. Schauen wir uns an, wie wir das auf der Gitarre spielen.

Beispiel 1a:

Diese einfache Akkordfolge ist das Rückgrat vieler hundert Jazz-Standards. Sie taucht auch überall in der Popmusik und Klassik auf. Du wirst schnell in der Lage sein, sie zu hören und auf dem Papier zu erkennen.

Übe auf die folgende Weise:

- Höre dir das Audiobeispiel an.

- Spiele mit und spiele die Idee dann **über den** langsamen Backing-Track.

- Spiele diese Kadenz schließlich nur mit einem Metronom, welches den Takt vorgibt.

- Versuche, diese Kadenz am Hals auf und ab zu bewegen, um in verschiedenen Tonarten zu spielen.

- **Übe die Idee mit den drei** Backing-Tracks bis zu 180 Schläge pro Minute.

Du musst mit dieser Entwicklung vertraut sein, also verbringe einige Zeit damit.

1. Beginne langsam mit einem Anschlag pro Takt auf dem ersten Taktschlag.

2. Baue allmählich die Akkorddichte auf, indem du auf die Taktschläge Eins und Drei spielst.

3. Versuche es dann mit den Schlägen Eins, Zwei, Drei und Vier.

4. Du kannst auch versuchen, einfach auf den Schlägen Zwei und Vier zu spielen.

5. Oder mit einem Push-Rhythmus, wie in Beispiel 1b gezeigt.

Beispiel 1b:

Das war es für diese Lektion. Hol dir diese Kadenz und probiere sie an verschiedenen Stellen am Gitarrenhals aus, da sie die Grundlage für den Rest dieses Buches ist.

Lektion Zwei - Die Grundlage des Solospiels auf der II-V-I Akkordfolge

Der Jazz entwickelte sich, als das musikalische Erbe Afrikas und die Protestmusik des aus der Sklaverei geborenen Blues mit westlicher Harmonie und Instrumentierung vermischt wurden. Dies wurde in den 1920er und 30er Jahren angeheizt, als New Orleans einen massiven Zustrom von ehemaligen militärischen Blasinstrumenten erhielt, die unter der Bevölkerung der kürzlich befreiten Sklaven verteilt wurden.

Jazzmusiker verwenden eine Mischung aus Arpeggien (Akkorde, deren Noten nacheinander gespielt werden, z. B. Grundton, 3., 5. und 7.) und Tonleitern, während sie auf Akkordwechseln (Changes) solo spielen.

Es ist viel einfacher, Arpeggien auf diesen ‚Marsch'-Instrumenten (Saxophone, Trompeten, Klarinetten) zu spielen als Tonleitern. So entwickelte sich die Jazz-Sprache.

Wir könnten eine Bebop-Skala als viele Arpeggio-Linien betrachten, die durch ein paar skalierte und chromatische Noten miteinander verbunden sind.

Aber welche Arpeggien spielen wir und wie fangen wir an, Musik zu machen? Beginnen wir damit, das Vokabular des Jazz zu erforschen.

Für einen Mollseptakkord spielen wir ein *Moll 7-Arpeggio*.

Für einen Dominantseptakkord spielen wir ein *Dominant 7-Arpeggio.*

Für einen großen Septakkord spielen wir ein *Major 7-Arpeggio*.

Ganz einfach.

Fangen wir damit an, herauszufinden, wie diese Arpeggien über den entsprechenden Akkord passen.

Beispiel 2a:

Beginne mit dem Grundton eines jeden Arpeggios und spiele jede Form auf und ab. Du musst dir diese Formen merken.

Diese Arpeggien sind einfach die Noten der Akkorde, die nacheinander gespielt werden.

Sobald du das Gefühl hast, dass du die Arpeggien gelernt hast und auswendig kannst, schau dir Beispiel 2b an.

Beispiel 2b:

Wir spielen nur den Grundton eines jeden Arpeggios über den Backing-Track. Das E auf dem Em7-Akkord, das A auf dem A7 usw. Überspringe diesen Schritt nicht, er ist sehr wichtig.

Wenn du damit warm geworden bist, studiere Beispiel 2c. Diesmal spielen wir den Grundton und den 3. eines jeden Akkords.

Beispiel 2c:

Hier ist der Grundton bis zur 5. und Beispiel 2e zeigt den Grundton bis zur 7.

Beispiel 2d:

Beispiel 2e:

Habe Geduld! Es wird eine Weile dauern, vor allem, wenn du das noch nie zuvor gemacht hast. Aber du wirst bald hören **können**, ob du über jeden Akkord das passende Arpeggio spielst.

Dies ist eine äußerst wichtige Phase, da du nun die entsprechenden Arpeggien über die Akkordfolge spielst.

Lektion Drei – Die Umkehrung

Du kannst nun aufsteigende Arpeggien über die II-V-I-Akkordfolge spielen. Es steckt viel Übung darin und es ist mehr, als viele Musiker können - also würdige deine Leistung!

Bis jetzt hast du jedes Arpeggio nur vom tiefsten Grundton aus gespielt. Oft gibt es mehr als einen Grundton in jeder Position auf der Gitarre. Versuche, den anderen (höheren) Grundton in jedem Arpeggio zu finden, und spiele dann wieder nur die Grundtöne auf jedem Akkord.

Beispiel 3a:

Wenn man Miles Davis, einem der größten Jazzmusiker der Welt, zuhört, merkt man, dass er selten mehr als zwei Oktaven benutzte und manchmal nie über eine hinausging. Obwohl wir viel mehr Noten auf der Gitarre zur Verfügung haben, ist es gut, daran zu denken, dass wir sie nicht alle auf einmal brauchen!

Sobald du in jeder Form den höheren oktavierten Grundton des Akkords/Arpeggios spielen kannst, spiele den Grundton und die 3.; Grundton, 3. und 5.; dann Grundton, 3. und 7. in Viertelnoten in jedem Takt. Dies wird in den Beispielen 3b - 3d veranschaulicht.

Beispiel 3b:

Beispiel 3c:

Beispiel 3d:

Jetzt lerne diese Melodien absteigend. Wir arbeiten auf eine absolute melodische Freiheit auf unserem Instrument hin - so wie du bis jetzt gelernt hast, vom Grundton eine Note nach der anderen aufwärts zu spielen, wirst du lernen, auf die gleiche Weise abwärts zu spielen. Zuerst nur Grundtöne (wie oben), dann Grundtöne und 7., dann Grundtöne, 7. und 5. und schließlich alle vier Noten des Akkords.

Studiere die Beispiele 3e (R, 7), 3f (R, 7, 5) und 3g (R, 7, 5, 3), um dies zu verstehen.

Beispiel 3e:

Beispiel 3f:

Beispiel 3g:

Das Ziel dieser Lektion: spiele diesmal nur die 3. eines jeden Arpeggios über den Akkordwechsel. Dies hilft dir, dich vom Grundton als Ausgangspunkt all deiner Improvisationen zu lösen. Schließlich werden wir bei der Improvisation selten mit dem Grundton eines Arpeggios beginnen.

Beispiel 3h zeigt, wie man auf jedem Akkord nur die 3. spielt.

Beispiel 3h:

Die folgenden beiden Beispiele zeigen den gleichen Prozess für die 5. und 7.

Beispiel 3i:

Beispiel 3j:

Visualisiere jede Note in Bezug auf jeden Akkord, über den du spielst.

Lektion Vier – Arpeggien aus der 3., 5. und 7.

In der vorherigen Lektion haben wir uns darauf konzentriert, nur die 3., 5. und 7. unserer Arpeggien zu spielen. Wenn du das innerhalb einer Woche geschafft hast, bist du deiner Zeit voraus. Wenn es länger gedauert hat, ist das in Ordnung - mach es unbedingt richtig, bevor du weitergehst. Es ist für unser Bebop-Spiel grundlegend, also lohnt es sich, die Zeit mit dieser wichtigen Idee zu verbringen.

In dieser Lektion werden wir uns ansehen, wie wir von einem unserer Akkordtöne ausgehen und wie wir uns durch das Arpeggio bewegen. Es ist möglich, dass du schon von selbst auf diese Idee gekommen bist, da sie eine logische Weiterentwicklung von dem ist, was wir zuletzt gemacht haben.

Beispiel 4a zeigt, wie du in jedem Arpeggio von der unteren Terz aus spielst und dann weiter durch die Form aufsteigst.

Beispiel 4a:

Das nächste Beispiel zeigt dies ab der 5. und Beispiel 4c demonstriert dies ab der 7.

Beispiel 4b:

Beispiel 4c:

Wenn du dich sicher fühlst, probiere die Ideen aus, die aus der 3., 5. und 7. in den höheren Oktaven absteigen, wie in den Beispielen 4d - 4f gezeigt.

Beispiel 4d:

Beispiel 4e:

Beispiel 4f:

Sobald du sicher bist, dass du die aufsteigenden und absteigenden Arpeggien von jeder Note aus spielen kannst, starte den langsamen Backing-Track und spiele einfach die Arpeggien.

Versuche, zur nächsten Note, die du im nächsten Arpeggio siehst, zu wechseln und fahre mit der nächsten Form fort, danach ändert sich der Akkord. Das wird schwieriger, macht aber Spaß, denn mit der Zeit wirst du hören, dass sich einige klassische Bebop-Linien wie von Geisterhand unter deinen Fingern bilden.

Keine Sorge, wenn du das noch nicht kannst, das Thema wird in Lektion Sechs sehr ausführlich behandelt.

Zusammenfassung

Wir haben eine Menge Material abgedeckt: Du kannst jetzt von jedem Punkt aus in jedem Arpeggio beginnen und während der gesamten Form weiter auf- oder absteigen. Du kannst auch einen passenden Ton im nächsten Arpeggio treffen. Ich weiß, dass dies dich eine Menge Arbeit gekostet hat – niemand hat gesagt, dass es einfach werden wird – aber glaube mir, wenn ich sage, das ist großartig! Du kannst jetzt über Jazzakkordwechsel spielen! Verbringe einige Zeit damit, die Arpeggien über den langsamen Backing-Track zu spielen und deine eigenen Melodien zu kreieren.

Lektion Fünf - Die Dominante aufpeppen

In der Musik führt der V7-Akkord oder die Dominante oft zum I-Akkord und wird von Musikern als Spannungspunkt in jeder Akkordfolge angesehen. Diese Spannung wird durch die Bewegung zum folgenden Ausgangsakkord gelöst. In dieser Akkordfolge ist unser V7-Akkord (A7) die Spannung, die Aufmerksamkeit erfordert. Der I-Akkord (Dmaj7) ist unser Auflösungspunkt. Jazzmusiker wissen, dass wir, weil der V7-Akkord bereits spannend ist, so viel Spannung hinzufügen können, wie wir wollen, solange er sich gut auf Akkord I löst. So fügen wir etwas Würze hinzu.

Um mehr Spannung über unseren V-Akkord zu erzeugen, kann man den Grundton (das A) loswerden und ihn durch die Note Bb ersetzen. Dieser liegt einen Halbton über dem Grundton und erzeugt einen authentischeren Klang.

Es steckt ein toller Trick dahinter, er ist ganz einfach. Anstatt ein A7-Arpeggio zu spielen, werden wir ein *vermindertes Bb7-Arpeggio* spielen. Es enthält die Noten Bb, C#, E und G. Das ursprüngliche A7-Arpeggio enthielt A, C#, E und G, so dass wir nur eine Note ändern. Dies ist in der folgenden Tabelle besser zu erkennen:

A7-Arpeggio	A	C#	E	G
Bb Vermindert Arpeggio	Bb	C#	E	G

Du musst dieses neue Arpeggio im Kontext des A7-Akkords lernen, den du in Lektion Eins gelernt hast:

Bb Diminished Arpeggio

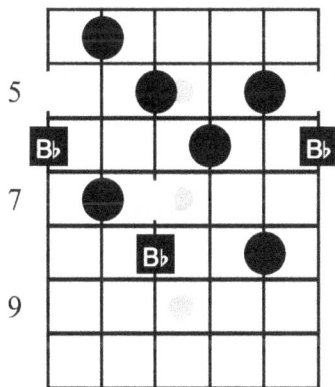

Spiele die grauen Punkte nicht, sondern begreife sie einfach als Grundton des A7-Akkords. Das folgende Beispiel zeigt dir, wie diese Idee über die gesamte bewegte II-V-I-Kadenz klingt:

Beispiel 5a:

Bb Diminished 7 Arp

Sobald du damit vertraut bist, das Arpeggio auf dem Bb (b9 von A) zu beginnen, wiederhole die Übungen früherer Lektionen, indem du das Arpeggio auf der 3., 5. und 7. des A7 spielst, wobei du immer das Bb statt das A spielst. Übe diese Ideen auf- und absteigend.

Die Beispiele 5b und 5c zeigen dir, wie du aus der 3. eines jeden Akkords auf- oder absteigend spielen kannst. Es ist sehr sinnvoll, die 5. und 7. für dich selbst herauszufinden (obwohl du, wenn du Hilfe brauchst, eine sehr ähnliche Übung mit den Beispielen 4a - 4f gemacht hast). Mache das für beide Oktaven.

Beispiel 5b:

Das ist weniger schwierig als es klingt, aber es braucht ein wenig Übung, um die Finger an die Form zu gewöhnen. Falls es ein Trost ist: dies ist einer der wichtigsten Bebopsounds und es lohnt sich, ein paar Wochen damit zu verbringen, um ihn in die Finger zu bekommen.

Lektion Sechs - Die Akkordwechsel spielen

Großartig! Wir spielen über unsere Kadenz und können dabei an jeder beliebigen Stelle im Arpeggio beginnen, aufsteigen oder absteigen, einen neuen Arpeggio-Ton beim ersten Schlag des nächsten Taktes spielen und dann Spannung auf den V7-Akkord legen, indem wir ein Bb anstelle eines A benutzen. Übrigens: dieses Bb über dem A7 wird eigentlich als b9 bezeichnet.

Während alles Gestalt annimmt, könntest du dich darum kümmern, alles auch wirklich nach Musik klingen zu lassen! Schließlich springen wir die ganze Zeit herum und kommen noch nicht wirklich auf die fließenden Linien, die man auf Platten hört. Das ist es, was wir in dieser Lektion lernen werden.

Im Wesentlichen werden wir unsere Finger um die Arpeggio-Formen herumwandern lassen und nicht zu einem bestimmten Intervall springen, wenn sich der Akkord ändert. Stattdessen werden wir die nächstgelegene Note im nächsten Arpeggio ansteuern. Das wurde in früheren Lektionen kurz erwähnt, aber hier packen wird das Konzept jetzt endlich an.

Beispiel 6a:

Im obigen Beispiel spielen wir das Em7-Arpeggio vom Grundton aufsteigend und enden bei Schlag 4 auf dem D (b7). Die naheliegendste Note im nächsten Akkord ist das C# (3.) des A7. Wir spielen das Bb verminderte Arpeggio aufsteigend, bis wir das Bb (b9 von A) erreichen, dann lösen wir auf zum A (5.) des Dmaj7 und spielen das Arpeggio absteigend. Da haben wir es: eine Jazz-Linie in Vierteltönen.

Das nächste Beispiel zeigt, wie man absteigende Ideen verwendet.

Beispiel 6b:

Beginne mit dem G (b3) des Em7-Arpeggios. Spiele es absteigend bis zum B (5.) und spiele dann das Bb (b9 von A7) des Bb verminderten 7-Arpeggios. Gehe zum C# (3. des A) hinunter und löse einen Halbton zum Grundton des Dmaj7 auf.

Versuche nun, die Formen ausgehend von der nächstgelegenen Note bei jedem Wechsel aufzusteigen.

Beispiel 6c:

Hier steigen sie ab.

Beispiel 6d:

Lasse nun eine Form auf- und die nächste absteigen.

Beispiel 6e:

Steige ab- und dann aufwärts.

Beispiel 6f:

Als nächstes experimentiere mit diesem Pattern:

Beispiel 6g:

Jetzt probiere mal das hier.

Beispiel 6h:

Versuche, mit Achtelnoten zu improvisieren.

Beispiel 6i:

Zusammenfassung

Du improvisierst jetzt mit Arpeggien über Akkorde und, was noch wichtiger ist, du schaffst die Changes. Hier nimmt die Melodie Gestalt an und du spielst offiziell Jazz. Verbringe einige Zeit damit, bevor du weitermachst.

Diese Ideen sollen deine eigene Kreativität anregen. Jedes der obigen Patterns oder Formen könnte mit einem der Arpeggio-Töne in der Kadenz beginnen und erzeugt so praktisch unbegrenzte Möglichkeiten für jazzige Linien. Lass dich davon nicht entmutigen.

Als ich mich in dieser Phase befand, wurde dieses Konzept als Hörübung präsentiert. Was tatsächlich passiert, ist, dass du deine Ohren trainierst, um die Akkordtöne jedes Akkordes zu finden. Irgendwann wirst du einfach vom Denken abschalten und dich von deinen Ohren und Übungsgewohnheiten leiten lassen.

Lektion Sieben – Die Punkte verbinden: Chromatische Durchgangstöne

Wir können nun die Kadenz mit der Fähigkeit durchspielen, an jeder beliebigen Stelle im Arpeggio beginnen zu können, das Arpeggio auf- oder absteigen zu lassen, enge Arpeggio-Töne auf den ersten Takt zu spielen und Spannung auf den V7-Akkord zu legen, indem wir ein Bb anstelle eines A einsetzen.

Im Jazz gibt es viel *Chromatik*. Chromatik ist einfach die Verwendung von Noten außerhalb der Ausgangstonleiter.

Es ist sehr einfach, Chromatik in unsere Soli zu bringen, indem wir unsere Arpeggio-Formen mit Noten verbinden, die zwischen den beiden Arpeggio-Formen liegen. Es ist leichter dies zu hören und zu sehen als zu beschreiben, also schau dir das folgende Beispiel an.

Beispiel 7a:

Beginne mit dem Grundton des Em7-Arpeggios und steige drei Noten zur 5. (B) auf. Du solltest sehen, dass sich der dritte Ton unseres A7-Akkords (C#) im 6. Bund befindet. Anstatt durch das Em7-Arpeggio zu gehen, werden wir die Lücke bei Taktschlag 4 mit der natürlichen C-Note füllen und diese als chromatische Annäherungsnote an das C# bei Taktschlag 1 der A7 verwenden. Wir gehen drei Töne des A7-Arpeggios rauf zur b7 (G). Diesmal wollen wir die 5. (A) unseres Dmaj7-Arpeggios ins Visier nehmen. Das ist etwas schwieriger zu erkennen, aber wir können die Lücke zwischen dem G und A mit einem G# im 4. Bund auf der ersten Saite schließen. Wir erreichen dann das A des Dmaj7. auf Taktschlag 1 und lösen so die Kadenz auf.

Das Füllen der Lücken ist ein äußerst wichtiger Sound im Jazz. Sobald du dieses Konzept verstanden hast, werden deine Soli sofort authentisch und interessant klingen. Wenn wir so vier Noten pro Takt spielen, kannst du sogar eine chromatische Note auf Taktschlag 4 vor jedem Akkordwechsel spielen. Wenn du acht Noten pro Takt spielst, versuche, sie auf die letzte Achtelnote zu setzen.

Beispiel 7b:

Im obigen Beispiel beginnen wir mit der b3 des Em7-Arpeggios und steigen 3 Noten ab, bis wir auf der b7 sind. Hoffentlich kannst du sehen, dass der 3. Ton des A7-Akkords (C#) einen Halbton unter unserem Finger liegt, aber wir müssen auf dem Em7 eine weitere Zählzeit ausfüllen. Anstatt bis zur 5. des Em7 zu gehen, werden wir C spielen. Diese Note ist einen Halbton unter dem Zielton von C# und wenn wir sie kurz vor dem Wechsel unseres Akkords spielen, klingt sie fantastisch. Das nennt man „Boxing in".

Du kannst auch eine *skaleneigene* oder *chromatische* Annäherungsnote vor einen Ton des Em7 setzen. Beispiel 7c ist ein Beispiel mit vier Noten pro Takt. Es beginnt mit einer Annäherungsnote vor dem Grundton des Em7, einer Annäherungsnote an das b9 auf dem A7-Akkord und einem chromatischen Durchgangston zwischen dem A7 und dem Dmaj7, die einen komplexen Bebop-Sound erzeugt.

Beispiel 7c:

Wie man dieses wichtige Konzept übt:

Studiere die oben genannten Ideen, um die Klänge und Konzepte hinter den Bewegungen zu verstehen. Spiele sehr langsam in Viertelnoten durch die Akkordwechsel und spiele drei Noten des passenden Arpeggios auf den ersten drei Takten.

Wenn du im nächsten Takt einen Halbton (einen Bund) von deinem Zielakkord entfernt bist, spiele einen Halbton auf der anderen Seite der Zielnote und die Auflösung auf den ersten Schlag, indem du ein ‚Boxing in' machst.

Beispiel 7d:

Wenn du bei Schlag 3 einen Ton von deiner nächsten Zielnote entfernt bist, fülle die Lücke chromatisch aus, wie in Takt Zwei dargestellt.

Beispiel 7e:

Denke daran, dass du sowohl oben als auch unten Noten hast, die du in deinen Akkordwechseln berücksichtigen solltest. Beispiel 7f zeigt, dass du vom gleichen Ausgangspunkt aus ab- oder aufsteigen kannst.

Beispiel 7f:

Verbringe jeden Tag viel Zeit damit, einfach nur die Möglichkeiten zu erkunden, welche sich ergeben, wenn du deinem Spiel chromatische Ansätze hinzufügst. Wenn du dich sicher fühlst, beginne mit dem Spielen von Achteltönen und platziere die chromatische Note immer auf der letzten Note des Taktes.

Beispiel 7g:

Werde schrittweise schneller (es gibt ja Backing-Tracks mit drei verschiedenen Geschwindigkeiten). Du wirst natürlich bestimmte Bewegungen und gezielte Notenmuster bevorzugen, welche Gewohnheiten oder „Licks" bilden, auf die du immer wieder zurückkommen wirst. Das solltest du vertiefen. Denke niemals, dass du in der Lage sein musst, jede Option an jedem Punkt in deinem Solo abrufen zu können. Selbst sehr gute Spieler haben oft eine begrenzte Anzahl von Möglichkeiten, Changes durchzuspielen, und man kann hören, wie diese Licks immer wieder in ihrem Spiel auftauchen.

Schreibe abschließend Ideen auf, die du gerne spielst (besonders bei Achtelnoten), um ein Protokoll zu führen. Eines Tages wirst du diese Ideen übernehmen, aber es ist toll, immer wieder auf Ideen zurückzukommen, die dich begeistert haben, als du sie gelernt hast.

Lektion Acht - Die Bebop-Skala

Eine geläufige Idee im Jazz und insbesondere im Bebop ist, ein Arpeggio aufzusteigen und eine Tonleiter abzusteigen. Als Musikwissenschaftler Soli von großen Jazzern analysierten, fanden sie heraus, dass oft ähnliche skalenbasierte Ideen verwendet wurden, um herabzusteigen. Sie nannten es die *Bebop-Skala*. Charlie Parker und Pat Martino mögen diese Technik sehr.

Die Bebop-Skala ist eine aus acht Tönen bestehende Skala und wird dadurch gebildet, dass dem mixolydischen Modus eine große Septime hinzugefügt wird.

Beispiel 8a zeigt die Intervalle und die Notation des Mixolydischen Modus in A:

Beispiel 8a:

A Mixolydisch	A	B	C#	D	E	F#	G	A
Intervalle:	1	2	3	4	5	6	b7	8/1

A Mixolydian

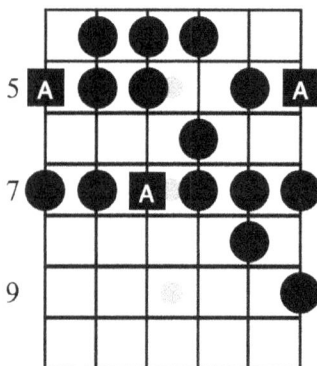

Während diese Skala über Em7 und A7 großartig klingt, klingt sie noch besser, wenn sie mit einer zusätzlichen großen Septime gespielt wird.

Beispiel 8b zeigt die Intervalle und die Notation der mixolydischen Bebop-Skala in A:

Beispiel 8b:

A Mixolydisch Bebop	A	B	C#	D	E	F#	G	G#	A
Intervalle	1	2	3	4	5	6	b7	7	8/1

A Mixolydian Bebop

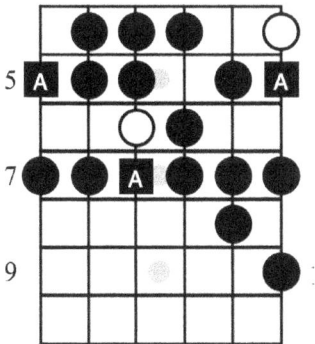

Diese Skala funktioniert aus zwei Gründen gut: sie enthält alle Akkordtöne unseres Em7-Akkords (E, G, B, D) und des A7-Akkords (A, C#, E, G). Da die Skala aus acht Tönen besteht und Jazz-Musik meist mit Achtel- oder Sechzehntel-Noten gespielt wird, füllt sie den verfügbaren Raum perfekt aus.

Üben der Bebop-Skala

Sobald du dich mit dem Spielen der Bebop-Skala (auf- und absteigend) vertraut gemacht haben, solltest du den Klang sofort in deinem Spiel anwenden. Im Moment lassen wir den Dmaj7-Akkord weg und spielen einfach über den II-V-Teil der Kadenz.

Unsere einzige Regel ist, von einem Arpeggio-Ton jedes einzelnen Akkords auszugehen, also werden wir, logisch beginnend, die Bebop-Skala vom Grundton von Em7 spielen und acht Noten aufsteigen. Die nächste Note, die die Skala aufsteigt, ist die 5. Note (E) von A7. Spiele diese Note auf Taktschlag 1 und steige dann die Skala hinab.

Beispiel 8c:

Ist dir aufgefallen, dass die Bebop-Note (G#) auf einen ungewöhnlichen Schlag fällt? Das ist genau das, was wir wollen, sonst kollidiert das G# mit dem G in den Akkorden. Dieses Beispiel funktioniert auch gut absteigend.

Beispiel 8d:

Das nächste Beispiel zeigt diese Idee beginnend ab der 3. des Em7 aufsteigend. Auch hier ist das G# immer auf dem Off-Beat.

Beispiel 8e:

Wenn wir die Bebop-Skala auf der 5. des Em7 spielen wollen, ergibt sich eine kleine Herausforderung, da die Bebop-Note nun auf den Schlag fällt. Da wir das nicht wollen, können wir die Noten bewegen, um das G# auf den Off-Beat zu setzen.

Beispiel 8f:

Schließlich veranschaulicht Beispiel 8g auf- und absteigende Ideen aus der b7 des Em7, wobei die Noten wieder „durchgerüttelt" werden, so dass das G# nicht auf dem Schlag ist und wir immer noch einen Arpeggio-Ton von A7 treffen.

Beispiel 8g:

Mittlerweile solltest du dir den Klang dieser Skala eingeprägt haben und fühlen, wie man das G# immer auf einen Off-Beat setzt. Es ist Zeit, mit dem Spielen zu beginnen!

Starte den langsamen Backing-Track und lass deine Finger über die II-V-Kadenz um die Bebop-Skala herumwandern. Ziel ist es immer, das G# auf einen Off-Beat zu bringen (du wirst es merken, wenn du es nicht tust!).

Hier sind einige Übungsideen.

Beginne mit den Schlägen 2, 3 oder 4 des Em7, wie in Beispiel 8h gezeigt. Sieh, wie sich dies auf die Platzierung des G# und die entsprechenden Akkordtöne auswirkt.

Beispiel 8h:

Beginne mit einem Nebenton auf einem Off-Beat; um einen authentischen Bebop-Sound zu erreichen, gehe zu einem Skalenton auf dem Beat.

Beispiel 8i:

Spiele nun die Bebop-Skala von verschiedenen Akkordtönen aus absteigend. Versuche, mit verschiedenen Schlägen zu beginnen.

Beispiel 8j:

In der nächsten Lektion wirst du lernen, diese Ideen mit Arpeggien und chromatischen Annäherungsnoten zu kombinieren.

Lektion Neun - Kombination von Arpeggien mit der Bebop-Skala

Wir haben viel an Arpeggien und mit der Bebop-Skala gearbeitet. Es ist nun an der Zeit, die beiden Teile zu einem musikalischen, artikulierten Klang zu kombinieren. Um dies zu tun, werden wir zunächst Arpeggien von jedem Akkordton aufsteigend und dann die Bebop-Skala absteigend spielen. Dies ist ein gängiger Sound und du kannst ihn verwenden, um deine eigenen Linien und Licks zu schreiben.

Noch einmal beginnen wir unsere strukturierte Herangehensweise mit dem Aufsteigen des Em7-Arpeggios vom Grundton aus nach b7. Dann steigen wir die Bebop-Skala vier Töne hinunter, um auf G, der b7 von A7, zu landen. Wir spielen das Bb verminderte Arpeggio aufsteigend bis zur Oktave der b7 (G) und spielen dann die Bebop-Skala absteigend, um auf der großen Septime des D-Dur-Akkords (C#) zu landen, und springen schließlich nach unten zum A und erhalten so den echten Bebop-Sound.

Beispiel 9a:

Als nächstes beginnen wir mit der b3 von Em7 (G) und spielen das Arpeggio bis zur 5. (B) aufsteigend und spielen dann die Bebop-Skala wieder absteigend, bis wir die b7 des A7 erreichen. Wir spielen das Bb verminderte Arpeggio absteigend bis zum b9 von A7 und gehen weiter die Bebop-Skala hinunter mit einem kleinen Sprung zur 3. von D-Dur.

Beispiel 9b:

Hier ist ein weiteres Beispiel aus der 3. von Em7, das die 3. des A7 trifft und ein chromatisches Annäherungsnotenmuster in der 3. von D-Dur verwendet:

Beispiel 9c:

Die nächste Idee kommt von der 5. des Em7. Spiele das Arpeggio von der 5. bis zur 3. aufsteigend, dann das A auf der oberen Saite und spiele dann die Bebop-Skala auf der 5. des A7 (E) abwärts. Von hier aus spielen wir eine chromatische Annäherungsnote in die 3. und steigen über die b9- und Bebop-Skala mit einem coolen, kleinen chromatischen Sprung zur 3. des Dmaj7 ab.

Beispiel 9d:

Hier ist ein Beispiel, das von der b7 des Em7 ausgeht. Spiele das Arpeggio von b7 auf b3 aufsteigend und die Bebop-Skala absteigend. Chromatisch näherst du dich der 5. des A7-Akkords (E) an, spiele das Bb verminderte Arpeggio wieder zur 5. aufsteigend und spiele zur 5. des Dmaj7-Akkords absteigend.

Beispiel 9e:

Ich habe dir ein oder zwei Beispiele für jeden Arpeggio-Ton gegeben, aber ich nehme an, du möchtest deine eigenen Linien kreieren und dein eigenes Spiel einzigartig und flüssig gestalten.

Wie kannst du mit diesem wichtigen Konzept kreativ sein?

Es ist eine wichtige Phase, die obigen Linien zu lernen und selbstbewusst zu spielen, da sie ein großartiger Ausgangspunkt sind. Es gibt einen Grund, warum ich die Theorie hinter dem Aufbau der Linien aufgeschrieben habe: damit du verstehst, was technisch passiert, um deinen eigenen Sound zu entwickeln.

Habe Geduld und sei entschlossen, diese Linien zu lernen und zu verstehen, bevor du dich auf deine eigene Entdeckungsreise begibst.

Als ich diese Ideen schrieb, setzte ich mich mit meiner Gitarre hin und sagte mir: „Ok, was passiert, wenn ich ein Arpeggio vier Töne hinaufsteige und eine Bebop-Skala hinunter spiele?" Dann verbrachte ich einige Zeit damit, ein paar Linien zu erforschen. Ich habe mich nicht zu sehr an diese Regel gehalten, das ist an den obigen Linien gut erkennbar. Das war aber mein Ausgangspunkt und von dort aus entwickelte sich alles weiter.

Wenn du deine eigenen Linien schreibst, wie wäre es mit diesen Ideen, um dich weiter zu bringen?

Spiele ein Arpeggio drei Noten aufwärts und dann die Bebop-Skala abwärts. Spiele vier oder fünf Noten aufwärts usw. Überspringe die Intervalle. Anstelle von 1, b3, 5, b7, versuche 1, 5, b3, 7.

Beispiel 9f:

Überspringe die Intervalle 1- 5 und spiele dann die Bebop-Skala abwärts.

Beispiel 9g:

Füge chromatische Annäherungsnoten hinzu.

Beispiel 9h:

Beginne auf Schlag 2, Schlag 3 oder Schlag 4.

Spiele eine chromatische Annäherungsnote auf dem Off-Beat vor deinem ersten Arpeggio-Ton.

Beispiel 9i:

Es gibt so viele Kombinationsmöglichkeiten, dass man sich erstmal nur eine Idee aussuchen sollte. Wenn sie dir gefällt, schreib sie auf. Du kannst online leere Notenblätter und viele andere kostenlose Ressourcen finden, die dir helfen werden.

Denke daran, dass du nicht jede Idee in jeden Lick packen kannst. Halte es vorerst einfach und versuche, diese Lektion als Chance zu betrachten, den Klang der Bebop-Skala in Verbindung mit Arpeggien zu verinnerlichen.

Lektion Zehn - Erweiterte Arpeggien (3 - 9)

Ich habe in früheren Lektionen erwähnt, dass Jazzgitarristen oft den Grundton des Akkords, über den sie Solieren, nicht spielen. Der Grundton wird normalerweise vom Bassisten oder manchmal auch von anderen harmonischen Instrumenten gespielt. Heute werden wir nach einer Möglichkeit suchen, Arpeggien zu spielen, die den Grundton des Akkords durch die None (9.) des Akkords ersetzen.

Was ist die 9.?

Um kurz den Hintergrund für diese Idee zu erklären (ohne viel Theorie), lass uns einen Blick auf die D-Dur-Tonleiter werfen, die wir in Lektion Eins besprochen haben, nur dass wir sie jetzt über zwei Oktaven ausdehnen werden:

D	E	F#	G	A	B	C#	D	E	F#	G	A	B	C#	D
1	2	3	4	5	6	7	1/8	9	3	11	5	13	7	1

Sieh dir die 2. Oktave an. In dieser höheren Oktave wird eine Note, die im ursprünglichen Akkord (Dmaj7) enthalten ist, immer noch als 3. oder 5. oder 7., die anderen Noten dazwischen werden jedoch als Erweiterungen bezeichnet. Das sind unsere 9., 11. und 13. Sie klingen reichhaltig und interessant, wenn sie über die Originalakkorde gespielt werden, suchen aber oft nach einer Auflösung zu einem benachbarten Akkordton.

Und so bildet man ein erweitertes Arpeggio auf D-Dur: beginne mit der 3. des Akkords, F#. Springe über G und lande auf A. Springe eine weitere Note und spiele C#. Wie du oben sehen kannst, ist die Note E die 9. Note in der Tonleiter von D-Dur und klingt wunderschön und voller als unser ursprünglicher Dmaj7-Akkord. Wir spielen immer noch drei Noten aus dem Akkord von Dmaj7, aber jetzt spielen wir statt des Grundtons die 9.

Höre dieses erweiterte Arpeggio über den Dmaj7-Akkord.

Beispiel 10a:

Wir können diesen Vorgang über den Em7-Akkord wiederholen.

Wenn wir bei der 3. anfangen, bekommen wir die Noten G, B, D und F# (F# ist die 9.).

Beispiel 10b:

Abschließend wiederholen wir dies mit dem A7-Akkord, aber wir werden immer noch die b9 aus dem verminderten Arpeggio verwenden, um den authentischen Bebop-Sound zu bekommen. Dies gibt uns C#, E, G und Bb (Bb ist die b9).

Beispiel 10c:

In den ersten neun Kapiteln betonte ich, dass die Akkord-Arpeggien immer vom Grundton ausgehend gelernt werden sollten. Jedes Mal, wenn du lernst, auf einer neuen Jazzmelodie ein Solo zu spielen, beginne mit aufsteigenden und absteigenden Arpeggien auf der Basis des Grundtons. Gehe erst dann zu diesen erweiterten Arpeggien über, wenn du dieses Konzept vollständig verstanden hast. Auf diese Weise fühlst du dich überall auf dem Gitarrenhals „zu Hause".

Sobald du die Formen gelernt hast, kannst du experimentieren, indem du diese erweiterten 3. - 9. Arpeggien spielst, die über die II-V-I-Kadenz aufsteigen. Dies ist in Beispiel 10d dargestellt. Verbringe einige Zeit damit, dies zu verinnerlichen. Noch einmal: dies ist grundlegend für jedes Jazz-Solo. Beginne zunächst mit dem langsamsten Backing-Track. Sobald du es über diesen Backing-Track spielen kannst, spiel die Übung nur noch mit einem Metronom und ohne Backing-Track.

Beispiel 10d:

Wenn du dich wohl damit fühlst, spiele die Arpeggien, die von der 9. zur 3. absteigen, zuerst mit den Backing-Tracks und dann nur mit einem Metronom.

Beispiel 10e:

Es ist an der Zeit, die Bebop-Skala zu unserem aufsteigenden 3. bis 9. Arpeggio hinzuzufügen. Wenn du deine Hausaufgaben in den vorangegangenen Lektionen gemacht hast, sollte das nicht zu viel Aufwand sein. Du wirst nach Charlie Parker klingen!

Beispiel 10f:

(Hit the 9ths of D Maj7)

Du kannst an der 5. beginnen, bis zur 9. aufsteigen und dann die Bebop-Skala absteigend spielen. Achte auf das kleine Vibrieren, damit die Bebop-Note auf dem Off-Beat über dem A7 stattfindet.

Beispiel 10g:

Beispiel 10h führt wieder chromatische Durchgangstöne ein.

Beispiel 10h:

Die nächste Idee veranschaulicht Arpeggio-Muster, chromatische Annäherungsnoten und die Bebop-Skala in einem Lick.

Beispiel 10i:

Ich hoffe, du verstehst die Idee. Wenn nicht, lies die vorhergehenden Lektionen und kehre hierher zurück, wenn du dich mit den Konzepten in diesen Lektionen vertrauter fühlst. Schon jetzt klingen wir viel harmonischer, reichhaltiger und komplexer. Betrachte die Ideen als Konzepte, mit denen du das Schreiben deiner eigenen Linien als Inspiration nutzen kannst.

Eine gute Art zu üben ist, ein Solo über eine Improvisation mit nur einem Akkord zu spielen. Wenn du dich mit diesen Ideen auf dem Em7 sicher fühlst, mach mit dem A7 und dann dem Dmaj7 weiter. Versuche schließlich, eine melodische Struktur auf die gesamte Kadenz anzuwenden.

Bald wirst du die 9. so leicht wie die Grundtöne hören. Dies ist eine wichtige Phase beim Erlernen des Bebop, denn die Entdeckung dieses Konzepts war ein Meilenstein in der Entwicklung des Jazz in den 1940er Jahren.

Um zu wissen, ob du diese Ideen vollständig verinnerlicht hast, solltest du sie aus dem Gedächtnis zu den Backing-Tracks spielen. Nicht nur das: du solltest in der Lage sein, deine eigenen Linien aus den behandelten Konzepten zu konstruieren und jede Note, die du spielst, als Erweiterung des zugrunde liegenden Akkords sehen oder hören **können**.

Lektion Elf - Erweiterte Arpeggien (5 - 11)

Wir werden nun die Arpeggien um die 11. unserer Akkorde erweitern.

In der vorherigen Lektion begannen wir mit der 3. eines jeden Akkords und sprangen in die nächste Oktave bis zur 9. hoch. Diesmal spielen wir von der 5. bis zur 11. und überspringen den Weg nach oben.

Schau dir noch mal diese Tabelle für Dmaj7 an:

D	E	F#	G	A	B	C#	D	E	F#	G	A	B	C#	D
1	2	3	4	5	6	7	1/8	9	3	11	5	13	7	1

Beginne mit dem A (der 5.), überspringe das B, spiele das C#. Überspringe das D, spiele das E (die 9.), überspringe das F# und spiele das G.

Die Noten, die du jetzt über dem Dmaj7 Akkord spielst, sind A, C#, E und G. Die ursprünglichen Noten zum Akkord sind A und C#, die 5. und 7. Das E und D sind die Erweiterungen der 9. und 11.

Je weiter du dich von den ursprünglichen Akkordtönen entfernst, desto weniger hörst du die Noten, welche die zugrunde liegende Harmonie umreißen.

Dies ist ein zweischneidiges Schwert, da wir einerseits reichere, interessantere Harmonien spielen, andererseits aber auch die im Jazz so wichtige Beziehung zwischen Akkord und Arpeggio verlieren können.

Ein Wort zur Vorsicht: Bei den maj7 und dominant7 Akkorden wird die 11. oft durch eine #11 ersetzt. Denn die natürliche 11. ist nur einen Halbton von der wichtigen großen Terz des Akkords entfernt. D.h., G gegen Fis in D-Dur, und es kann kollidieren; eine nicht aufgelöste Spannung über den ursprünglichen Akkord erzeugen.

Wir müssen jedoch irgendwo in dieser Lektion beginnen, also werden wir die natürliche 11. auf dem Tonika-Akkord und auf der Dominante (A7) spielen. Spiele mit diesen Ideen herum, denn eine Wahl zu haben, ist sicherlich besser! Wenn deine Ohren zur #11 geführt werden, dann spiel sie!

Betrachten wir die 5 - 11 erweiterten Arpeggio-Noten für unsere II-V-I-Akkordfolge.

Em7	B	D	F#	A
Intervalle	5	b7	9	11

A7	E	G	Bb	D
Intervalle	5	b7	b9	11

Dmaj7	A	C#	E	G
Intervalle	5	7	9	11

Die folgenden Beispiele zeigen Arpeggien, die über jeden Akkord auf- und absteigen.

Beispiel 11a:

Beispiel 11b:

Beispiel 11c:

Hier ist ein aufsteigendes 5 - 11 Arpeggio über der II-V-I-Kadenz.

Beispiel 11d:

Und hier die gleiche Idee absteigend.

Beispiel 11e:

Beispiel 11f zeigt eine neue Idee: abwechselnd auf- und absteigende Arpeggien.

Beispiel 11f:

Verbringe Zeit damit, deine Finger über die erweiterten Arpeggios wandern zu lassen und nach der nächstgelegenen Note zu suchen, wenn sich die Akkorde darunter ändern (wie in Lektion Vier).

Sobald du mit diesen Ideen vertraut bist, kannst du alle melodischen Mittel aus früheren Lektionen hinzufügen, wie z. B. absteigende Bebop-Skalen, chromatische Annäherungsnoten, Intervall-Sprünge, welche mit verschiedenen Taktschlägen beginnen und was immer deine Ohren dir sonst noch sagen.

Einige Ideen sind in den Beispielen 11g - 11j dargestellt. In einigen Beispielen habe ich eine Alternative mit einer #11 gegeben, die für die natürliche 11 substituiert wurde, damit du die Optionen hören kannst.

Beispiel 11g:

Beispiel 11h:

Beispiel 11i:

Beispiel 11j:

Natürlich werden einige unserer Übungsideen wiederholt, wenn wir uns erweiterte Arpeggien ansehen. Sobald wir diese Ideen studiert haben, ignorieren wir einfach diejenigen, deren Klang uns nicht gefällt. Wir treffen so fundierte musikalische Entscheidungen!

Zum Beispiel höre ich gerne 5. - 11. und b7 – 13. (nächste Lektion) über Em7.

Ich mag die 3. bis 9. über das Dmaj7 und eine Vielzahl von verschiedenen Ideen zu dom7 Akkorden.

In ein paar Lektionen gebe ich dir eine ganz neue Perspektive auf das Solospiel über dominante Akkorde und du kannst aus vielen verschiedenen Variationen wählen, also lass uns weitermachen. Aber mach langsam, lass dir Zeit und entwickle die Freiheit, das zu spielen, was du hörst, und triff genaue musikalische Entscheidungen.

Um zu überprüfen, ob du diese Ideen vollständig verinnerlicht hast, solltest du in der Lage sein, sie aus dem Gedächtnis über den schnellsten Backing-Track zu spielen. Nicht nur das: du solltest auch in der Lage sein, deine eigenen Linien aus den diskutierten Konzepten zu konstruieren und jede von dir gespielte Note als Erweiterung des zugrunde liegenden Akkords zu sehen und zu hören.

Lektion Zwölf - Erweiterte Arpeggien (7 - 13)

Lasse uns die erweiterten Arpeggien von der 7. zur 13. über unsere Changes untersuchen. Dies ist einer meiner Lieblingssounds über die Akkorde Em7 und A7. Er lässt sich auch hervorragend mit der Bebop-Skala kombinieren, er bietet eine reiche Quelle an melodischen Linien.

D	E	F#	G	A	B	C#	D	E	F#	G	A	B	C#	D
1	2	3	4	5	6	7	1/8	9	3	11	5	13	7	1

Beginne auf der b7 von Em7 (D) und springe dann zu F#, A und C#. Diese Arpeggien sind mit den daraus resultierenden Erweiterungen in den folgenden Tabellen dargestellt:

Em7	D	F#	A	C#
Intervalle	b7	9	11	13

A7	G	Bb	D	F#
Intervalle	b7	b9	11	13

Dmaj7	C#	E	G	B
Intervalle	7	9	11	13

Später möchtest du vielleicht die maj7 und dom7-Akkorde mit #11 studieren (es sind einige Beispiele enthalten). Beispiele 12a - 12c zeigen jedes einzelne erweiterte Arpeggio, das über den zugehörigen Akkord gespielt wird.

Beispiel 12a:

Beispiel 12b:

Beispiel 12c:

Die Beispiele 12d - 12f zeigen, dass diese Ideen aufsteigend, absteigend und abwechselnd über die II-V-I-Kadenz gespielt werden.

Beispiel 12d:

Beispiel 12e:

Beispiel 12f:

Wie immer: verbringe Zeit damit, die erweiterten Arpeggien von deinen Fingern erkunden zu lassen, um nach der nächstgelegenen Note zu suchen, wenn sich die Harmonie ändert. Hier ist eine Möglichkeit, dies zu tun:

Beispiel 12g:

Du solltest auf diese erweiterten Ideen genauso viel Wert legen wie auf das Erlernen der Ideen in den ersten Lektionen. Persönlich habe ich Wochen, wenn nicht Monate mit diesen Konzepten verbracht und übe sie immer noch bei jedem neuen Lied, das ich lerne.

Erweiterte Arpeggien sind einer der Hauptunterschiede zwischen Bebop und Bach. Als nächstes erfährst du, wie diese Arpeggien mit der Bebop-Skala und den chromatischen Annäherungsnoten zusammenhängen. Wie bei den 5 - 11 Arpeggien werde ich ein paar #11er auf den Grundakkord legen, um dir einige Möglichkeiten zu zeigen.

Hier ist eine Idee, die auf der b7 von Em7 beginnt, die Bebop-Skala einsetzt und die b7 des A7 trifft, bevor sie das Dmaj7-Arpeggio von der 7. bis 13. aufsteigt (die #11 spielend: G#).

Beispiel 12h:

Beispiel 12i veranschaulicht chromatische Annäherungsnoten zu einem absteigenden 13 - 7 Muster, eine aufsteigende Bebop-Skala zur b9 des A7. Es setzt sich mit dem Muster 7 - 13 fort, bevor es auf dem Dmaj7 in ein 3 - 9 Arpeggio absteigt.

Beispiel 12i:

Wir können die höhere Oktave der Em7-13 nutzen. Versuche dies mit 11 und #11 über dem Dmaj7.

Beispiel 12j:

Zusammenfassung

Die 7-13 ist ein immens wichtiger Teil des Bebop-Vokabulars. Es wird ständig verwendet und ist ein extrem idiomatischer Ansatz. Du solltest versuchen, es mit so vielen verschiedenen Licks und Konzepten wie möglich zu meistern, basierend auf einer Kombination aus diesem Arpeggio und der Bebop-Skala.

Es ist wichtig, seine eigenen Licks zu schreiben und auswendig zu lernen. Spiele sie immer schneller mit einem Metronom, bis sie in dein Spiel integriert sind. Du solltest nur dann weitermachen, wenn du jede Note als Erweiterung eines jeden gespielten Akkords erkennen kannst.

Lektion Dreizehn - Engstes Arpeggio-Konzept

In dieser Lektion geht es darum, Melodien zu erzeugen. Noch einmal: wenn du noch nie auf die in früheren Lektionen erwähnten Konzepte gestoßen bist, hat es wahrscheinlich ein paar Monate gedauert, um die Sounds, Formen und das Gefühl zu verinnerlichen, diese erweiterten Arpeggien über I-V-I Kadenzen zu spielen.

Die Idee dieser Lektion ist es, dir beizubringen, wie man Melodien konstruiert und alle Arpeggio-Möglichkeiten nutzt, die jetzt unter deinen Fingern liegen. Wir tun dies, indem wir uns bei einem Akkordwechsel auf die nächstgelegene Note im nächsten Arpeggio bewegen, um unsere Linie fließend über die Changes fortzusetzen.

Wenn wir vier (oder acht) Noten in einem Arpeggio spielen und die Zeit kommt, den Akkord zu wechseln, haben wir logischerweise nur drei Möglichkeiten, den nächsten Ton im nächsten Akkord zu treffen:

1)   Gehe auf den nächstgelegenen Ton hinab.

2)   Steige auf den nächstgelegenen Ton auf.

3)   Wiederhole den gleichen Ton, wenn er in beiden Akkorden vorkommt.

Sobald wir diese Entscheidung getroffen haben, ergeben sich zwei weitere Optionen:

1)   Steige mit dem nächsten Arpeggio auf.

2)   Steige das nächste Arpeggio hinab.

3*2 bietet 6 Möglichkeiten, unsere melodische Linie fortzusetzen. Da wir jedoch in einem begrenzten Bereich der Gitarre spielen, ist es oft nicht möglich, den Hals weiter auf- oder abzusteigen.

Sechs sind schlichtweg zu viele Möglichkeiten, also wird sich diese Lektion zunächst auf ein Konzept konzentrieren: geh zum nächsten Akkordton über und bewege dich in eine Richtung, die deinen Ohren angemessen erscheint!

Es ist so einfach, sich in die Vielzahl der Permutationen zu vertiefen, dass wir das Hauptziel aus den Augen verlieren können: *die Melodie zu spielen.*

Das Geheimnis ist, dass, wenn du den Akkord in eine Erweiterung änderst, du dann normalerweise das nächste Arpeggio absteigend spielst. Wenn du den Akkord in einen Arpeggio-Ton änderst, dann ist es oft am besten, das nächste Arpeggio hinaufzusteigen. Eine letzte Anmerkung: es ist äußerst nützlich, die Akkordtöne/ Erweiterungen, die du über jeden Akkord spielst, laut auszusprechen. Probier es, oder noch besser, singe es!

Beispiel 13a beginnt mit der niedrigsten Note in dieser Position; der 5. von Em7 (B). Steige das 5 - 11 Arpeggio auf. Gehe zur b7 des A7 herunter und steige das b7-13 hinauf. Gehe zur 9. (E) von Dmaj7 hinab und dann zur 3. hinab.

Beispiel 13a:

Jetzt steigen wir Em7 von der b7-13 auf, steigen zur b9 des A7 ab und steigen dann zur b7 auf. Lass dich auf die 3. von Dmaj7 fallen und steige schließlich auf die 5. ab.

Beispiel 13b:

Als nächstes steige Em7 vom Grundton auf, steige zur 3. des A7 hinab, steige zur b9 auf, steige zur 5. des Dmaj7 ab und steige zur 7. ab.

Beispiel 13c:

Beispiel 13d steigt von der 3. bis zur 9. von Em7 auf, steigt 5-3 auf A7 auf und steigt 13-7 (über #11) auf dem Dmaj7 ab.

Beispiel 13d:

Nun, hier ist ein kleiner Cheat, der eine Variation mit sich bringen kann. Aufstieg 5-11 auf dem Em7, Abstieg 13-b7 auf dem A7 (obwohl technisch gesehen die b7 näher ist), dann Aufstieg 3-9 auf dem Dmaj7.

Beispiel 13e:

Du weißt, was gemeint ist: spiele mit diesen Konzepten so viel herum, wie du willst und versuch dann, sie zu Licks zu machen, indem du chromatische Annäherungsnoten usw. hinzufügst. Spiele sie zu den Backing-Tracks. Die folgende Idee zeigt, wie man das vorherige Beispiel zu etwas viel Melodischerem machen kann:

Beispiel 13f:

Wenn du das Gefühl hast, dass du mit diesen Ideen vertraut bist, versuche, eine andere „Regel" aus der obigen Liste auszuwählen. Zum Beispiel **könntest du** von höheren Erweiterungen absteigen und dann zur nächsten Arpeggio-Note aufsteigen!

Beispiel 13g:

Denke daran, dies ist nur eine Übung, um dir zu helfen, den Hals zu erkunden. Sobald du eine dich ansprechende Sequenz hast, spiel mit ihr, schmücke sie aus und mache sie musikalisch. Wenn du spielst, solltest du das Gefühl bekommen, dass du Melodien erzeugst.

Lektion Vierzehn - Leittöne

Leittöne sind ein einfaches, aber extrem wichtiges Mittel für das Solieren über Songs.

Wenn wir über Leittöne sprechen, beziehen wir uns ausdrücklich auf die 3. und 7. in jedem Akkord. Leittöne sind so wichtig, weil wir den Akkord buchstäblich definieren, wenn wir sie spielen. Tatsächlich gibt es nur zwei Akkorde, die jemals die gleichen Leittöne teilen können.

Zum Beispiel könnte die b7 im A7 (G) auch die große 3. im Akkord von Eb7 sein. Die b7 des Eb7 (Db) ist die gleiche Note wie die große 3. im A7 (C#). Wir werden diese Idee in der nächsten Lektion im Detail untersuchen.

Du solltest inzwischen wissen, wo du die 3. und 7. in jedem Akkord finden kannst. Wir haben aufsteigend (erweiterte) Arpeggien gespielt, die mit diesen beiden Tönen beginnen.

Deine erste Aufgabe ist es, *nur die Leittöne* über die II-V-I-Kadenz zu spielen. Spiele zuerst die 3. und 7. in den unteren Oktaven.

Beispiel 14a:

Spiele nun 7-3 in den unteren Oktaven.

Beispiel 14b:

Dann finde sie in den höheren Oktaven, wie in den folgenden beiden Beispielen gezeigt.

Beispiel 14c:

Beispiel 14d:

Zum Schluss wähle die nächstgelegene Note und bewege dich zum nächsten Leitton, wenn sich die Akkorde in der II-V-I ändern. Du solltest diese Idee mit viersaitigen Gruppierungen ausprobieren, zuerst den oberen vier, dann den mittleren vier und schließlich den vier Basssaiten. Es gibt viele mögliche Kombinationen, also habe ich nur eine mögliche Idee für jede Anordnung unten gezeigt.

Beispiel 14e:

Beispiel 14f:

Beispiel 14g:

Mit Hilfe von Leittönen solltest du bei jedem Change den Akkord sich selbst definieren hören. Eine großartige Übung ist es, den Backing-Track auszuschalten, ein Metronom laufen zu lassen und einfach nur solo mit Leittönen zu spielen. Du solltest die Harmonie trotzdem hören können.

Es ist wichtig, die Harmonie auf diese Weise herauszustellen. Das bedeutet, dass du, egal ob du ‚außerhalb‘ oder chromatisch spielst, jederzeit zurückkommen und einen Leitton im Taktschlag eines neuen Akkords spielen kannst und deine Linien immer harmonisch und melodisch sinnvoll sind.

Eine weitere Übung, die etwas außerhalb des Rahmens dieses Buches liegt, wäre das Spielen von Leittönen und einer Erweiterung. Zum Beispiel b3, b7, 9 auf einem Mollakkord, 3, b7 b9 auf einer Dominante und 3, 7, 9 auf einem Dur-Akkord.

Beispiel 14h:

Probiere es mit der II-V-I-Kadenz aus und verwende sie auch als eine deiner ersten Übungen, während du lernst, mit einer neuen Melodie solo zu spielen. Es ist wichtig, dass du jeden gespielten Akkord mit Leittönen definieren kannst.

Zusammenfassung

Leittöne sind ein einfaches, aber äußerst wichtiges Mittel, wenn man **über jede** Art von Melodie solo spielt. Sie sind eines der ersten Dinge, die du üben solltest, wenn du eine neue Kadenz lernst.

Lektion Fünfzehn - Die Tritonussubstitution

Im vorherigen Kapitel haben wir uns mit *Leittönen beschäftigt* und gesehen, wie nützlich sie sind, um einen beliebigen Akkord zu definieren. Zu Beginn der Lektion betonte ich, dass es nur zwei Akkorde geben kann, die die gleichen Leittöne teilen, ein Beispiel dafür war A7 und Eb7, die Leittöne teilen. Dies ist ein Grundprinzip des Jazz, welches eine ernsthafte Auseinandersetzung verdient.

Betrachten wir noch einmal das Beispiel von A7 und Eb7. Diese Akkorde sind beide dom7 Akkorde und der Abstand zwischen ihren Grundtönen ist eine b5 (3 Töne). Dies wird als *Tritonus* bezeichnet.

Akkord	3.	b7
A7	C#	G
Eb7	G	Db (C#)

Wenn wir bedenken, dass Db und C# enharmonische Schreibweisen derselben Note sind, dann ist leicht zu erkennen, dass Eb7 und A7 genau die gleichen Leittöne haben. Beachte, dass die 3. des A7 zur b7 des Eb7 und die dritte Note des Eb7 zur 7. des A7 wird.

Diese Beziehung zwischen den Leittönen tritt in der Musik immer auf und kann durch die folgende Regel beschrieben werden:

Zwei dom7-Akkorde teilen sich die gleichen Leittöne, wenn sie einen Abstand von b5 haben.

Warum ist das wichtig?

Wie du weißt, sind die wichtigsten Noten eines jeden Akkords die 3. und 7. Solange wir wissen, wie wir diese Noten gezielt einsetzen, können wir fast alles über einen Akkord spielen und dennoch unsere Melodie nahe an der zugrunde liegenden Harmonie halten, indem wir auf sie verweisen.

Dieses Konzept wurde bereits von den Jazzmusikern der 1940er Jahre und von heutigen Jazzmusikern angewendet. Der instinktive Ausgangspunkt war das Spielen eines Eb7-Arpeggios anstelle des A7-Arpeggios. Dies gibt uns den Namen *Tritonussubstitution*, da wir den ursprünglichen dominanten Akkord durch einen Tritonus (b5) ersetzen.

Beispiel 15a zeigt das Griffbrettdiagramm des Eb7-Arpeggios. Von diesem Zeitpunkt an werden wir die Möglichkeiten dieses Arpeggios, das über die ursprüngliche A7 Harmonie gespielt wird, untersuchen. Erinnere dich daran, dass in den Beispielen der A7-Akkord immer noch über die Backing-Tracks gespielt wird.

Spiele im folgenden Diagramm die grau hinterlegten A-Noten nicht.

Beispiel 15a:

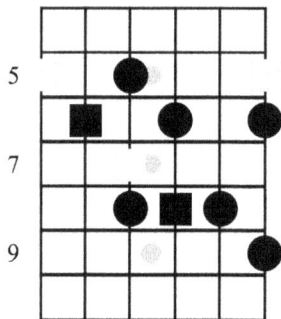

Welche Noten/Intervalle spielen wir jetzt über den A7-Akkord?

Der Akkord, über den wir spielen, ist immer noch ein A7. Das bedeutet, dass wir die Noten des Eb7-Arpeggios über einer A-Grundton-Note hören werden. Du wirst in der folgenden Tabelle sehen, dass uns dies einige interessante Spannungen über den ursprünglichen dom7-Akkord zur Verfügung stellt:

Eb7 Arpeggio-Klang	Eb	G	Bb	Db / C#
Intervall von A	b5	b7	b9	3

Hoffentlich ist dir jetzt klar, dass wir, wenn wir das Eb7-Arpeggio über der A7-Harmonie spielen, die melodischen Intervalle b5/#11, b7, b9 und 3 erreichen. Mit anderen Worten, unsere beiden wichtigen Leittöne und zwei tolle Erweiterungen.

Die Tritonussubstitution spielen lernen

Sobald du dich mit dem Spielen dieser Eb7-Arpeggio-Form vertraut gemacht hast, leg sie auf die II-V-I-Kadenz über den V-Akkord, indem du zuerst nur den Grundton, dann den Grundton und die 3., dann den Grundton, die 3. und 5. und schließlich den Grundton, die 3., 5. und b7, wie in den Beispielen 15b-15e gezeigt, spielst.

Beispiel 15b:

Beispiel 15c:

Beispiel 15d:

Beispiel 15e:

Das erfordert viel Arbeit, bleib aber dran. Übe die aus der höheren Oktave kommenden Ideen.

Wenn du sicher bist, das Arpeggio vom Grundton - b7 zu spielen, konzentriere dich darauf, die 3., dann die 5. und b7 zu treffen, wie in den Beispielen 15f-15h gezeigt.

Beispiel 15f:

Beispiel 15g:

Beispiel 15h:

Der letzte Schritt in diesem Prozess besteht darin, dass deine Finger die Arpeggien mit dem langsamsten II-V-I Backing-Track frei erforschen können und die nächstmögliche Note im nächsten Arpeggio finden, um die Changes zu spielen. Ich würde empfehlen, dass du diese ‚Pfade' über eine sehr kleine dreisaitige Anordnung lernst, wie in den Beispielen 15i-15k gezeigt.

Gehe erst dann zur nächsten dreisaitigen Anordnung, wenn du das Gefühl hast, dass du alle Möglichkeiten ausgeschöpft hast.

Beispiel 15i:

Beispiel 15j:

Beispiel 15k:

Wir werden mit diesem Konzept in den nächsten drei Lektionen arbeiten.

Auch in diesem Kapitel gibt es eine Vielzahl von Informationen. Ich schlage vor, dass du viel Zeit damit verbringst, die Sounds zu verinnerlichen um sie unter deinen Fingern wiederzufinden. Die hier investierte Zeit wird dein melodisches Gehör verbessern und die Formen festigen.

Lektion Sechzehn - Die Tritonussubstitution Teil 2

In Lektion Fünfzehn begannen wir mit der Erforschung des wichtigen Tritonussubstitutions-Sounds. Wir fahren nun fort, indem wir das dom-7 Arpeggio (das auf dem Tritonus des ursprünglichen V-Akkords basiert) mit chromatischen Annäherungsnoten, Durchgangstönen und der Bebop-Skala kombinieren.

Anstatt dich Schritt für Schritt durch diesen Vorgang zu führen, wie ich es in früheren Lektionen getan habe, wird es nun von Vorteil sein, Licks aufzulösen, um einige nützliche melodische Möglichkeiten zu veranschaulichen.

Wir beginnen mit einer Idee, die auf einem absteigenden 11-5 Arpeggio **über den** Em7-Akkord basiert. Wir gleiten dann in die 5. des Eb7-Arpeggios. Beachte, wie ich die Chromatik verwendet habe, um die Arpeggio-Noten auf den Downbeats des Taktes zu halten. Die Linie löst sich mit der 9. des Dmaj7-Akkords auf.

Beispiel 16a:

Als nächstes beginne mit einer Idee, die auf dem b7-13 Arpeggio **über dem** Em7 basiert, und steige durch die Bebop-Skala mit einer kleinen springenden chromatischen Figur hinab, bevor du auf die große Terz des Eb7-Arpeggios gehst. Wir steigen mit der Chromatik hinauf, bevor wir das Arpeggio hinabsteigen, um den Grundton des Dmaj7-Akkords zu lösen.

Beispiel 16b:

Hier ist eine Linie, die die Bebop-Skala sowohl auf den Em7- als auch auf den A7-Akkorden nutzt. Über Em7 kombinieren wir sie mit b7-13 und b3-9 Arpeggien und über den A7-Akkord mischen wir sie mit einem absteigenden Eb7 Arpeggio, bevor wir an der 3. von Dmaj7 auflösen.

Beispiel 16c:

Beispiel 16d kombiniert absteigende 9-b3 und 13-b7 Arpeggien über Em7, bevor es in den Eb-Grundton der Tritonussubstitution gleitet. Wir fügen eine bluesige, chromatische Annäherungsnote vor und nach der b7 und weitere chromatische Annäherungsnoten zur 5. des Dmaj7 hinzu.

Beispiel 16d:

Wir können die Offbeat-Chromatik über den Em7 verwenden, bevor wir in einen Sprung von der 6. über den A7-Akkord gleiten. Steige das Eb7-Arpeggio in die 5. des Dmaj7 hinab.

Beispiel 16e:

Schließlich zeigt Beispiel 16f ein aufsteigendes Muster über unsere Changes. Oft folgen wir den Changes melodisch bis zur Auflösung. Dieses Beispiel zeigt, dass wir uns mit ein paar Überlegungen leicht in die andere Richtung bewegen können. Über Em7 spielen wir eine Idee, die auf dem absteigenden 5-11 Arpeggio basiert. Über A7 verschieben wir dieses Muster einen Halbton nach oben, um den Eb7-Akkord zu umreißen, dann verwenden wir über Dmaj7 eine absteigende 7-13-Form, welche die #11 beinhaltet.

Beispiel 16f:

Die obigen Linien stellen einen guten Querschnitt der gängigen Bebop-Tritonussubstitutionsideen dar. Du müsstest erkennen können, wie ich sie erstellt habe: ich habe die Konzepte aus den vorherigen Lektionen kombiniert.

Zusammenfassung

Es ist wichtig, Licks auf diese Weise auflösen zu können. Wenn man diese Ideen verstanden hat, ist es an der Zeit, intensiv zu üben, um melodische Freiheit auf seinem Instrument zu entwickeln. Gehe zurück und konzentriere dich auf die Lektionen 7, 9 und 13 und wende die Konzepte dort auf die Tritonussubstitution-Arpeggio-Ideen in dieser und der vorherigen Lektion an.

Sei so diszipliniert, deine Ideen aufzuschreiben und mit einem langsamen Backing-Track zu üben, damit du hören kannst, wie sich die Changes mit deiner Melodie entfalten. Sobald du anfängst, eine Linie flüssig zu spielen, spiele sie über einen schnelleren Backing-Track. Wenn du noch sicherer bist, dann spiele sie allein nur mit einem Metronom. Du solltest immer noch in der Lage sein, die Changes in deinem Spiel zu hören.

Wir sind noch nicht mit dem Tritonussubstitutionskonzept fertig, aber dies ist ein guter Zeitpunkt, um unser Spiel für eine Weile zu festigen. Vergiss nicht, auch die Ideen aus früheren Lektionen weiter zu üben. Die erweiterten Arpeggien über den A7-Akkord, die wir in Lektion zehn bis Lektion zwölf entdeckt haben, sind immer noch wichtig und klingen großartig.

Woher weißt du, wann du soweit bist, weiterzumachen?

Sei geduldig, mach langsam und gehe erst zur nächsten Lektion über, wenn du meine Licks und deine eigenen Ideen souverän über den Midtempo II-V-I-Backing-Track spielen kannst.

Du solltest erst dann weitermachen, wenn du jede gespielte Note als Erweiterung des Akkords, über den du spielst, erkennen kannst.

Lektion Siebzehn – Tritonussubstitution Erweiterungen Teil 1

Im Internet gibt eine großartige Pat Metheny-Lektion. Er gibt eine Privatstunde und erwähnt, dass, wenn man praktisch alle Soli von John Coltrane analysiert, diese aus *dom7-Akkorden mit Tritonussubstitutionen* bestehen, *mit allen verfügbaren Erweiterungen.*

Wir werden dieses Konzept untersuchen. So wie wir Erweiterungen von unserem ursprünglichen A7-Arpeggio (b9, 11 und 13) gespielt haben, können wir nun das substituierte Eb7-Arpeggio erweitern, um seine 9, 11 und 13 zu spielen. Vor allem die Verlängerung bis zur 9. sorgt für einige wirklich tolle Linien!

Wenn wir dieses erweiterte Arpeggio über unserem ursprünglichen Akkord A7 spielen, sind dies die entstehenden Spannungen:

Beispiel 17a:

Eb7 erweiterte Arpeggio-Töne 3-9	G (3)	Bb (5)	Db/C# (b7)	F (9)
Intervalle von A	b7	b9	3	#5/b13

Die Noten A und Eb werden nur zu deiner Information angezeigt.

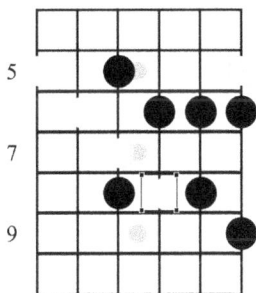

The Tritone Substitution
3 - 9

Beispiel 17a zeigte die 3. bis 9. Erweiterung von Eb7 über fast zwei Oktaven. Beachte, wie schön es in der unteren Oktave unter deiner Hand liegt.

Als nächstes spielen wir die 3-9 Arpeggien über jeden Akkord in der Kadenz.

Beispiel 17b:

Beachte, wie die Töne auf der B- und G-Saite schrittweise von Em7 bis Dmaj7 hinabsteigen.

Beispiel 17c:

Übe wie immer, Wege über die Changes mithilfe der 3-9 Formen über eine Oktave zu finden. Verwende Viertelnoten, um die melodische Bewegung zu verstärken. Ein möglicher Weg durch die Changes könnte folgendermaßen aussehen:

Beispiel 17d:

Wenn du dich wohl fühlst, probiere die Ideen in der höheren Oktave aus. Arbeite daran, so viele Wege wie möglich zu finden.

Beispiel 17e:

Ich mache kein Geheimnis daraus, dass dies meine bevorzugte Art ist, über die II-V-I-Kadenz zu spielen. Es ist mein Standard-Sound, auf den ich gerne zurückgreife, wenn ich mit den Changes einer neuen Melodie zu kämpfen habe.

Die folgenden Beispiele zeigen dir einige Licks, die auf dieser Idee basieren. Sie kombinieren die Bebop-Skala mit chromatischen Annäherungsnoten und allem, was bisher vorhanden war. Studiere sie und schreibe deine eigenen Ideen. Setz dich einfach mit deinem Instrument hin und erstelle eine Linie mit den Bausteinen, die wir besprochen haben.

Schreib die Linie auf, merke sie dir auf deiner Gitarre, spiele sie über schnelle Changes und verinnerliche sie. Es ist deine Linie und sie gehört dir. Du hast dafür hart gearbeitet!

Beispiel 17f:

Beispiel 17g:

Beispiel 17h:

Woher weißt du, wann du soweit bist, weiterzumachen?

Sei geduldig, mach langsam und geh erst zur nächsten Lektion über, wenn du meine Licks und deine eigenen Ideen bequem über den Mid-Tempo II-V-I-Backing-Track spielen kannst.

Du solltest erst dann weitermachen, wenn du jede gespielte Note als Erweiterung des Akkords, über den du spielst, erkennen kannst.

Lektion Achtzehn – Tritonussubstitution Erweiterungen Teil 2

Diese Lektion befasst sich mit der nächsten Erweiterung der Tritonussubstitution; 5 - #11.

Zusammenfassend lässt sich sagen, dass wir ein Arpeggio von Eb7 über unseren ursprünglichen A7-Akkord gelegt haben. Jetzt werden wir die erweiterten Arpeggien davon spielen.

Wir bauen ein erweitertes Arpeggio von der 5. des Eb7-Arpeggio bis zur #11. Wenn man dieses Arpeggio isoliert betrachtet, ist es zufällig ein Moll/maj7-Arpeggio und es ist aus der 5. der Tritonussubstitution unseres ursprünglichen A7-Akkords aufgebaut. Aber so fassen wir es nicht auf!

Dies ist jetzt nur noch eine Form für dich und bietet Notenoptionen, die du sonst vielleicht nicht gespielt hättest. Wie immer, lass dich von deinen Ohren leiten. Musikalität steht immer an erster Stelle.

Warum #11 und nicht nur eine natürliche 11? Ohne auf zu viel Theorie einzugehen, stammen diese Intervalle von einer Skala namens *alterierter Skala*, die keine natürliche 11., sondern nur eine #11/b5 hat, also verwenden wir sie hier. Wenn wir dieses Arpeggio über der zugrunde liegenden Harmonie von A7 spielen, sind die Intervalle, die vorgegeben werden, folgende:

Eb7 erweiterte Arpeggio-Töne 5 - #11	Bb (5)	Db/C# (b7)	F (9)	A (#11)
Intervalle von A	b9	3	#5 / b13	Grundton

Hier ist das 5-#11 erweiterte Arpeggio von Eb7:

Beispiel 18a:

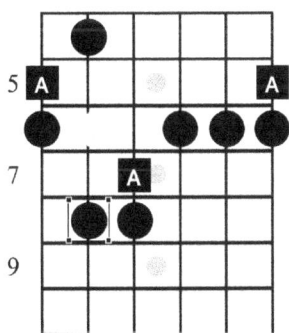

The Tritone Substitution
5 - #11

77

Diese Form passt gut über zwei Oktaven und klingt in den tiefen Lagen großartig. Wie immer werden wir damit beginnen, zuerst die Form zu lernen und diese dann im Rahmen unseres II-V-I in D-Dur langsam zu spielen.

Beginnen wir damit, auf- und absteigend 5-11 Arpeggien über die gesamte Kadenz zu spielen, wobei wir, wenn möglich, beide Oktaven verwenden.

Beispiel 18b:

Wenn du dich sicher fühlst, versuche, die 5-11 Arpeggien auf nur dreisaitige Gruppen zu beschränken und dann die nächsten Wege zwischen ihnen zu finden.

Die Beispiele 18c-18e sind nur drei von vielen Möglichkeiten.

Beispiel 18c:

Beispiel 18d:

Beispiel 18e:

Sobald du diese Idee verinnerlicht hast, versuche, eine beliebige Erweiterung der Em7- oder Dmaj7-Arpeggien zu spielen, aber bleib dabei, den gleichen Tritonus 5-#11 auf dem A7-Akkord zu spielen. Das folgende Beispiel zeigt die Annäherung an die nächstgelegene Note:

Beispiel 18f:

Schließlich sind hier drei Licks, die die Bebop-Skala und einige chromatische Ideen mit dem 5-#11 erweiterten Eb7-Arpeggio kombinieren. Lerne die Beispiele 18g-18i.

Beispiel 18g:

Beispiel 18h:

Beispiel 18i:

Analysiere wie immer die Linien und schau, wo die A7 Bebop-Skala gespielt wird. Achte auf chromatische Muster im Offbeat, die sich den Arpeggio-Noten im Downbeat annähern.

Sei geduldig, mach langsam und geh erst zur nächsten Lektion über, wenn du meine Licks und deine eigenen Ideen bequem über den Mid-Tempo II-V-I-Backing-Track spielen kannst.

Lektion Neunzehn – Tritonussubstitution Erweiterungen Teil 3

Das letzte erweiterte Arpeggio ist von b7 bis 13 **über die** Eb7 Tritonussubstitution.

Hier sind die Intervalle der Eb7 b7-13 Erweiterung und die Spannungen, die sie über den ursprünglichen A7 Akkord erzeugen:

Eb7 erweiterte Arpeggio-Töne b7 - 13	Db/C# (b7)	F (9)	A (#11)	C (13)
Intervalle von A	3	#5 / b13	Grundton	#9 / b3

Hier ist das Griffdiagramm dieser Form.

Beispiel 19a:

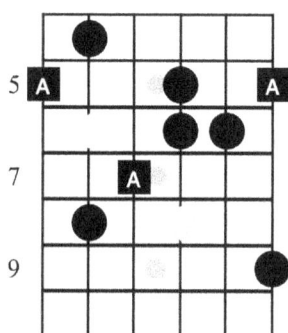

The Tritone Substitution
b7 - 13

Spiele vom Grundton eines jeden Arpeggios über die II-V-I-Kadenz, d.h. spiele von E nach D auf Em7, dann von Db nach C auf dem erweiterten Arpeggio und von D nach C# auf dem Dmaj7 Arpeggio.

Es ist einfacher dies zu lernen und zu spielen, als es abzulesen, also merke dir diese Idee über zwei Oktaven.

Beispiel 19b:

Wenn du damit zurechtkommst, kannst du die b7-13-Erweiterungen über jedem Arpeggio (Db-F auf dem Eb7) spielen. Übe auch das Hinabsteigen.

Beispiel 19c:

Das nächste Beispiel zeigt die 5-11 Arpeggien (mit dem b7-13 Eb7 Arpeggio, das ab dem 5. auf A7 gespielt wurde) - diesmal aber nur in aufsteigender Form. Stelle sicher, dass du auch lernst, hinabzusteigen.

Beispiel 19d:

Schließlich kannst du diese Idee mit 7-13 Arpeggien verwenden und C - A auf der A7 spielen, wie in Beispiel 19e gezeigt. Lerne immer diese Beispiele auf- und absteigend.

Beispiel 19e:

Das ist natürlich eine Menge Arbeit, aber der Punkt ist, dass du jede Eventualität abdecken musst. Es besteht kein Zweifel, dass du diese Formen verinnerlichen wirst. Mein Tipp ist, letztendlich das zu finden, was bequem ist und dabei zu bleiben. Wenn es zu schwer zu spielen ist, dann spiel es nicht. Es gibt hier so viele einfache Formen, die große Spannungen erzeugen, warum solltest du Zeit damit verbringen, deine Finger in Muster zu zwingen, in die sie nicht hinein wollen?!

„Wenn du stundenlang Dinge lernst, die für dich nicht natürlich sind, spielst du auch nur diese unnatürlichen Ideen. Dies hemmt den Impuls der momentanen Improvisation und bremst deine Entwicklung. Finde ein Gleichgewicht." - Joe Pass.

Beginne wie immer, frei über die Änderungen zu improvisieren, beschränke dich auf drei Saiten und finde die nächste Note im nächsten Arpeggio. Bleib bei der b7-13 Eb7 Erweiterung über A7, aber erlaube dir, alles zu spielen, was du auf dem Em7 und Dmaj7 findest.

Sieh dir die Beispiele 19f-19h an. Denk daran, dass es viele Möglichkeiten gibt, diese Changes zu spielen.

Diese Übung sollte einen großen Teil deiner Übungsroutine ausmachen und dir ermöglichen, spontan zu spielen.

Beispiel 19f:

Beispiel 19g:

Beispiel 19h:

Zum Schluss würze alles mit Chromatik und Bebop-Skalen und schon hast du es! Sieh dir die Beispiele 19i-19k an.

Beispiel 19i:

Beispiel 19j:

Beispiel 19k:

Studiere die obigen Linien, um zu sehen, wo ich die äußeren Noten hinzufüge und erstelle dann deine eigenen. In der nächsten Lektion werden wir uns damit befassen, alles über die wichtigsten Changes zusammenzubringen. Wir haben es fast geschafft! Du solltest nur dann weitermachen, wenn du jede gespielte Note als Erweiterung des gespielten Akkords erkennen kannst.

Lektion Zwanzig - Tonart ändern

Eine Sache, die du wahrscheinlich schon über Bebop-Musik weißt, ist, dass sie oft die Tonart wechselt. Aber selbst, wenn ein Song für relativ lange Zeit (etwa acht Takte) in einer Tonart bleibt, wird es Möglichkeiten geben, II-V-I-Licks und Ideen anzuwenden, die über die ursprünglichen Changes gespielt werden.

In dieser Lektion wenden wir eine Übungsmethode an, mit der du deine bestehenden Licks in anderen Tonarten spielen kannst.

Beginne mit einem beliebigen Lick, den du kennst; stelle sicher, dass er mit einem Akkordton und nicht mit einer Erweiterung beginnt. Wir werden eine Weile bei diesem Lick bleiben, also wähle einen, mit dem du dich sehr wohl fühlst.

Dieses Beispiel beginnt auf der b7 von Em7.

Beispiel 20a:

Schau dir das folgende Beispiel an. Achte sorgfältig auf die Akkordformen, die oberhalb der Notation dargestellt sind.

Beispiel 20b:

88

Spiele die Akkordfolge mit den gleichen Formen wie in den Tabellen. Wie du sehen kannst, spielen wir zunächst die ursprüngliche II-V-I-Kadenz in der Tonart D-Dur, dann wird sie direkt entlang des Halses zu einer II-V-I in der Tonart F-Dur übersetzt.

Das Geheimnis der Entschlüsselung deines Gitarrenhalses ist es, jede deiner Linien um den ersten Akkord des II-V-I zu visualisieren. Wenn ich zum Beispiel den Akkord von Em7 spiele, kann ich sehen, dass der Beispiel-Lick aus dem b7 einen Ton unter meinem zweiten Finger beginnt. Ich spiele den Lick über den ersten II-V-I und visualisiere dann die gleiche Akkordform am zehnten Bund für g-Moll 7. Wieder beginne ich den Lick einen Ton unter meinem zweiten Finger (auf dem 8. Bund) und spiele magischerweise eine „richtige" Linie für jede Kombination von Changes.

Dieses Konzept wird im Folgenden dargestellt. Der Akkord, den ich visualisiere, wird durch die quadratischen Punkte und die erste Note des Licks durch den hohlen Kreis dargestellt. Dieses genaue Beispiel wird dann einfach über den Hals in die richtige Position für Gm7 geschoben.

Beispiel 20c:

Spiele dieses Beispiel wie in Beispiel 20d gezeigt. Wir übersetzen einfach die gleiche Linie auf und ab entlang des Halses zwischen den beiden tonalen Zentren. Deine Startnote (in Verbindung mit der Akkordform) bequem visualisieren zu können ist schwieriger, als du vielleicht zunächst denkst.

Denk daran, dass du dir keine Gedanken darüber machen musst, welche Noten du spielst, da du den Lick ja auswendig kannst. Du solltest nur darüber nachdenken, wo der Lick beginnt.

Beispiel 20d:

Wenn du damit klarkommst, wähle einen anderen Lick, den du kennst, aber diesmal beginnst du mit dem Grundton des Em7-Akkords. Wiederhole den gleichen Vorgang, um diese Idee über die Changes zu spielen.

Hier ist ein Beispiel. Visualisiere die Linie, die davon ausgeht, dass dein zweiter Finger den Grundton der Akkordform spielt.

Beispiel 20e:

Nun zum anspruchsvolleren Teil: spiele die Linie von Beispiel 20a (beginnend mit b7) über die erste II-V-I in D, dann spiele die Linie von Beispiel 20e (beginnend mit dem Grundton) über die zweite II-V-I in F.

Beispiel 20f:

Wir spielen jetzt zwei verschiedene Linien über zwei verschiedene Arten von Changes. Versuche, diese Licks zu vertauschen, so dass du mit der Linie vom Grundton bei den ersten Changes beginnst und dann die Linie von der b7 bei den nächsten spielst.

Beispiel 20g:

Wenn du damit zufrieden bist, diese beiden Linien zu spielen, füge eine Linie aus der b3 des Em7-Akkords hinzu. Versuche die folgende Idee.

Beispiel 20h:

Denk daran, die Linie ausgehend von der entsprechenden Note in der Akkordform zu visualisieren. Lerne sie isoliert über die entsprechenden Changes und kombiniere sie dann mit einem der anderen Licks, die du zuvor in dieser Lektion gelernt hast.

Wiederhole diesen Vorgang für Licks, die mit der 5. beginnen, und die Oktaven von b7, Grundton und 3. Einige gute Beispiele für den Einstieg sind in den Beispielen 20i - 20l dargestellt:

Beispiel 20i:

Beispiel 20j:

Beispiel 20k:

Beispiel 201:

Stell dir eine Situation vor, in der du für jeden Arpeggio-Ton des Em7-Akkords zwei Licks hast, einen auf- und einen absteigend. (Alle Licks in dieser Lektion sind absichtlich aufgestiegen.)

Wenn du diese Licks im Kontext der Akkordformen klar visualisieren kannst, dann hast du, egal wohin du deine Akkordbox bewegst, aus jedem einzelnen Akkordton auf- und absteigende Möglichkeiten. Deine Freiheit, mit komplexen Changes zu spielen, ist jetzt unbegrenzt.

Ein letzter Punkt: Wenn du so übst, werden deine Linien anfangen, ineinander überzugehen. Du wirst auf natürliche Weise Linien kombinieren, verschiedene Rhythmen hinzufügen und sie zu deinen eigenen machen. Dies ist ein Meilenstein in deiner Entwicklung, also lass dich nicht zu sehr davon abhalten, die Licks „richtig" zu spielen. Wenn es gut klingt, *ist es gut*. Das ist deine einzige Regel.

Du bist einen langen, langen Weg gegangen. Deine nächste Herausforderung ist es, alle zwanzig Lektionen in diesem Buch auf eine andere Position auf der Gitarre anzuwenden. Versuche, mit dem Em7 auf dem 12. Bund zu beginnen und geh von dort aus. Keine Sorge, es ist beim zweiten Mal viel einfacher!

www.ingramcontent.com/pod-product-compliance
Lightning Source LLC
Chambersburg PA
CBHW081435090426
42740CB00017B/3311